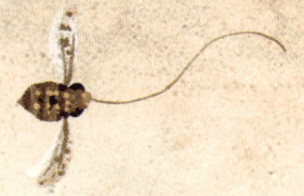

DK | Penguin Random House

벌레가 궁금해!

제스 프렌치 글 | 클레어 매켈패트릭 그림 | 배상규 옮김

1판 1쇄 펴낸날 2022년 8월 25일

펴낸이 정종호 | 펴낸곳 (주)청어람미디어(청어람아이)
편집 여혜영, 박세희 | 마케팅 이주은, 강유은
디자인 이원우 | 제작·관리 정수진
등록 1998년 12월 8일 제22-1469호
주소 03908 서울시 마포구 월드컵북로 375, 402호
전화 02-3143-4006~8 | 팩스 02-3143-4003
ISBN 979-11-5871-196-2 77470
979-11-5871-194-8(세트)

잘못된 책은 구입하신 서점에서 바꾸어 드립니다.
값은 뒤표지에 있습니다.

Original Title: **The Book of Brilliant Bugs**
Copyright © Dorling Kindersley Limited, 2020
A Penguin Random House Company

For the curious
www.dk.com

글쓴이
제스 프렌치

벌레에 관심이 많은 자연 애호가이다.
수의사로 동물을 돌보지 않을 때면
자연과 관련된 책을 쓰는 작업에 매달린다.
〈제스와 함께 떠나는 곤충 탐험〉을 비롯한
어린이 텔레비전 프로그램을 진행하기도 했다.

옮긴이
배상규

나무와 곤충이 많은 동네에서 바른번역 소속으로
책을 옮기고 있다. 옮긴 책으로 『문명과 물질』,
『모래가 만든 세계』, 『나무가 궁금해!』 등이 있다.

청어람아이

들어가며

벌레들의 멋진 세계에서는
불가능한 일이 없어요. 이 놀라운 동물은
전 세계 어디에서나 볼 수 있어요.
우리 발밑 바로 아래에서 우리와 더불어
이 세상을 살아가고 있으니까요.
하지만 이색적인 외모와 흥미로운 행동에도
불구하고 벌레는 단지 자그맣다는 이유로
무시 받기 일쑤예요. 벌레를 제대로 이해하려면
벌레가 바라보는 눈높이로 몸을 낮추고
벌레들의 세상 속으로 들어가 봐야 해요.
그럼 지금부터 저와 함께
신기한 벌레의 세계로 모험을 떠나요.
꼬물꼬물 기어 다니는 벌레가 얼마나 중요한
존재인지 금방 깨닫게 될 거예요.

Jess French

제스 프렌치

차례

4 벌레란 무엇일까요?	**52 벌레의 보금자리**
6 　무척추동물	54 　물속 벌레들
8 　벌레의 세계	56 　동굴 속 벌레들
10 　무척추동물을 만나보아요	58 　솜씨 좋은 건축가들
12 　곤충의 몸	60 　땅굴을 파는 벌레들
14 　놀라운 날개	62 　벌레 세계의 해적들
16 　엿보는 눈	64 　극한 환경
18 벌레와 벌레의 친척들	**66 벌레와 사람**
20 　곤충	68 　슈퍼마켓
22 　거미와 전갈	70 　먹는 벌레
24 　노래기와 지네	72 　지구를 도와요
26 　바다달팽이와 바다민달팽이	74 　위험에 처한 벌레들
28 　쥐며느리	76 　벌레를 도와요
30 　체절동물	
	78 　용어와 찾아보기
32 벌레의 행동	80 　감사의 글
34 　꽃가루받이 곤충	
36 　나방의 한살이	
38 　청소부 곤충	
40 　힘을 모아 일하는 곤충	
42 　반짝거리는 곤충	
44 　위장술	
46 　초감각	
48 　벌레의 방어술	
50 　개미의 방어술	

사람들은 흔히 벌레라고 하면 스멀스멀 기어 다니는 섬뜩하고 자그마한 존재들을 떠올려요. 하지만 과학자들이 벌레 이야기를 할 때는 '진짜 벌레(true bug, 노린재과-옮긴이)'라고 부르는 특정 부류의 곤충을 일컫는 거예요. 사진 속 **무지갯빛 금노린재**는 과학자들이 '진짜 벌레'라고 부르는 곤충이에요.

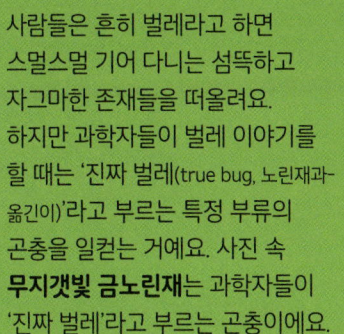

벌레란 무엇일까요?

벌레는 크기가 자그맣고 종류가 엄청나게 다양해요. 벌레는 높다란 산과 메마른 사막에서부터 여러분이 살고 있는 집 뒷마당에 이르기까지 어느 곳에서나 만날 수 있지요.

사람들은 흔히 벌레라고 하면 그저 곤충만 떠올리지만 곤충과 가까운 친척들, 그러니까 절지동물에 속하는 다른 생명체들 역시 벌레라고 불려요. 벌레는 범위를 넓히면 친척들이 어마어마하게 많아요. 벌레는 모양도 크기도 각양각색이지만, 모두 척추가 없는 무척추동물이라는 공통점이 있어요.

벌레는 지구에서 가장 중요한 생명체 중 하나예요. 벌레가 없다면 우리 지구는 지금과 완전히 다른 모습일 것이고, 여러 동식물이 자취를 감추고 말 거예요.

그럼 지금부터 요 조그만 친구들을 더 자세히 살펴보도록 해요.

무척추동물

벌레는 척추가 없는 무척추동물이에요.
지구에서 살아가는 동물의
97퍼센트가 무척추동물이죠.
무척추동물의 종류는
수백만 가지가 넘는답니다!

척추가 없는 동물은 모두 무척추동물이지만,
무척추동물이라고 해서 모두가 벌레인 건 아니에요.

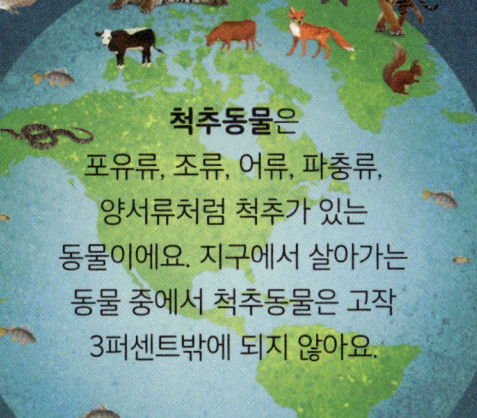

척추동물은 포유류, 조류, 어류, 파충류, 양서류처럼 척추가 있는 동물이에요. 지구에서 살아가는 동물 중에서 척추동물은 고작 3퍼센트밖에 되지 않아요.

척추동물은 무척추동물에 비해서 크고 힘이 세 보이지만,
사실 벌레가 없다면 대다수 척추동물은 이 세상에서 사라지고 말 거예요!

벌레의 세계

벌레는 이 세상이 제대로 돌아가게끔 도와줘요. 쓰레기를 재활용하고 다른 동물들의 먹이가 되어주고, 또 식물들의 꽃가루받이를 해주거든요. 게다가 다양한 환경에 적응을 잘해서 이 세상 어느 곳에서나 만날 수 있어요.

특별한 환경에 적응한 벌레 중에는 뜨겁고 메마른 사막처럼 가혹한 환경에 적응해서 살아가는 부류도 있어요.

함께 살아가는 벌레들

벌레는 서로 도와가며 살기도 해요. 혼자 스스로 살아가는 생활에 만족하는 벌레도 있지만 많은 벌레가 먹이를 찾고, 집을 짓고, 포식자를 쫓고, 애벌레를 기르기 위해 서로 힘을 합쳐요.

물속에 보금자리를 꾸미길 좋아하는 벌레도 있지만, 수없이 많은 벌레가 땅 밑으로 파고 들어가 살아요.

벌레는 아주 오래전,
공룡보다 먼저 이 땅에 등장했어요!

바다에는 요상하기도 하고
멋지기도 한 벌레가
아주 많아요.

벌레의 행동

벌레는 기억하기 쉬운 노래나
멋진 춤 동작으로 다른 벌레와
소식을 주고받아요!

무척추동물을 만나 보아요

무척추동물은 종류가 정말 다양해요!

무척추동물은 종류를 조금 더 세세히 나눠서 살펴보면 이해하기가 더 쉬워요. 대표적인 무척추동물로는 절지동물, 체절동물, 연체동물이 있는데, 해면동물과 산호, 불가사리 역시 무척추동물에 속한답니다!

거미류

거미류는 다리가 8개예요. 몸은 2개 부위로 나뉘어 있고 더듬이나 날개는 없어요. 입 모양은 먹이를 잡아 잘게 자르기에 안성맞춤이에요.

바다전갈 / 진드기 / 응애 / 채찍거미 / 무당거미 / 서부 사막 타란툴라 / 식초전갈

곤충

곤충은 절지동물 중에서 숫자가 가장 많은 무리예요. 사실 지구상에 존재하는 모든 동물의 약 80퍼센트가 곤충이죠. 곤충은 다리가 6개고, 몸이 3개 부위로 나뉘어 있고, 눈은 겹눈이고, 더듬이가 한 쌍 달려 있어요.

꿀벌 / 홍날개 / 잠자리 / 대벌레 / 아틀라스나방 / 여치 / 가랑잎벌레 / 개미 / 사마귀

절지동물

무척추동물 중에서 숫자가 가장 많은 종류는 절지동물이에요. 지구상에는 절지동물이 어마어마하게 많아요! 지구에서 살아가는 모든 동물의 85퍼센트는 절지동물이에요. 사람들은 대다수 절지동물을 '벌레'로 알고 있죠. 절지동물은 모두 몸 바깥이 외골격으로 이루어져 있고, 다리에 마디가 있으며, 몸이 (체절로) 부분부분 나뉘어 있어요. 대표적인 절지동물은 곤충, 거미류, 다족류, 갑각류, 이렇게 4가지 종류를 들 수 있어요.

10

곤충의 몸

이 세상에는 아주 다양한 곤충이 있지만, **곤충은 모두 다리가 6개고 몸통이 3개 부위로 나뉘어 있어요.**

대다수 곤충은 머리에 **더듬이가 한 쌍** 달려 있어요. 후각, 미각, 촉각을 느끼도록 도와줘요.

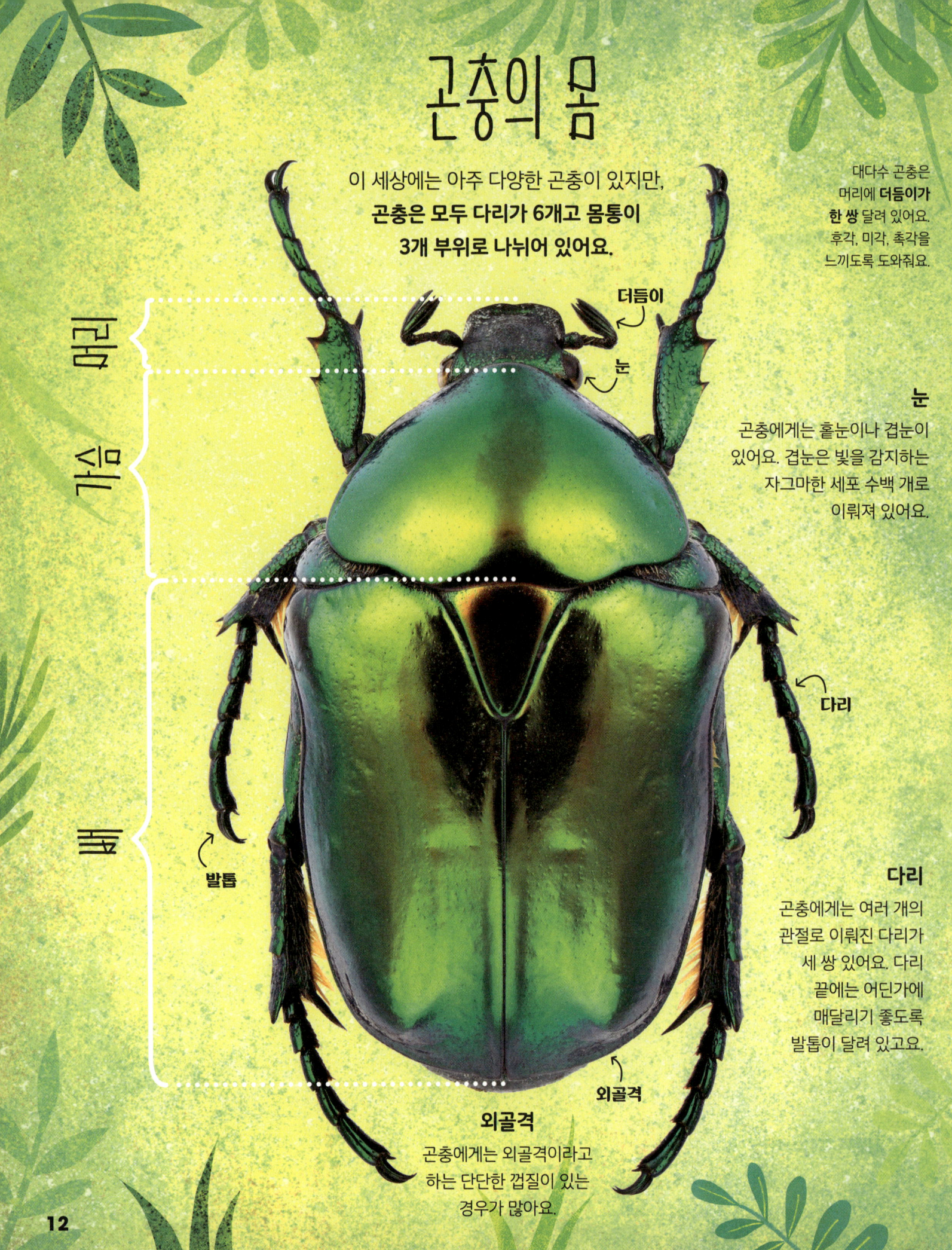

머리

가슴

배

더듬이

눈

다리

발톱

외골격

눈
곤충에게는 홑눈이나 겹눈이 있어요. 겹눈은 빛을 감지하는 자그마한 세포 수백 개로 이뤄져 있어요.

다리
곤충에게는 여러 개의 관절로 이뤄진 다리가 세 쌍 있어요. 다리 끝에는 어딘가에 매달리기 좋도록 발톱이 달려 있고요.

외골격
곤충에게는 외골격이라고 하는 단단한 껍질이 있는 경우가 많아요.

곤충의 입

나비
주둥이형
나비에게는 달콤한 단물을 빨아들이기에 안성맞춤인 길쭉하고 속이 빈 혀가 있어요.

파리
빨아들이는 유형
파리는 입으로 무른 음식이나 액체를 빨아들여요. 음식을 씹을 필요가 없는 거죠!

딱정벌레
씹어 먹는 유형
딱정벌레의 턱은 나무를 우적우적 씹을 정도로 강력해요.

벌
씹고 핥는 유형
벌은 벌집을 만들 때도 입을 이용해요.

모기
뚫고 빠는 유형
모기는 바늘처럼 생긴 입으로 피부를 뚫을 수 있어요.

곤충의 다리

꽃가루

물방개
헤엄
물방개의 기다란 뒷다리에는 두터운 털이 달려 있어서 헤엄을 칠 때 유용해요.

사마귀
사냥
사마귀의 앞다리는 번개처럼 빠른 데다가 먹잇감을 놓치지 않도록 날카로운 가시가 있어요.

벌
꽃가루 운반
벌은 꽃가루를 채집하고 나르기에 좋도록 다리에 특별한 털이 나 있어요.

땅강아지
땅파기
땅강아지에게는 삽처럼 생긴 앞다리가 있어서 땅굴을 파기에 좋아요.

메뚜기
뜀뛰기
메뚜기는 근육질인 뒷다리로 공중으로 높이 뛰어올라요.

비늘로 뒤덮인 날개
나비 날개는 수천 개의 작은 비늘로 뒤덮여 있어요. 나비 날개는 짝짓기 상대를 유혹하거나 포식자를 쫓아내기 위해 선명한 색깔을 띠기도 해요.

파리

균형을 잡아주는 날개
파리에게는 비행을 위한 큰 날개 한 쌍과 균형을 잡아주는 작은 날개(평균곤)가 한 쌍 있어요.

나비

놀라운 날개

날아다니는 동물 중에서 하늘로 가장 먼저 떠오른 건 곤충이었어요.
익룡과 새, 박쥐가 나타나기 훨씬 전부터 곤충은 윙윙거리며 날갯짓을 했어요.

소리를 내는 날개
귀뚜라미는 날개의 윗부분과 아랫부분을 비벼서 찌르르 소리를 내요.

귀뚜라미

빠른 속도를 낼 수 있는 날개

비행 속도가 시속 72킬로미터에 이르는 잠자리는 날아다니는 곤충 중에서 가장 빨라요. 잠자리는 앞뒤는 물론이고 위아래로도 날 수 있지요. 잠자리 날개는 가벼우면서도 튼튼하고, 제각기 따로따로 움직일 수 있어요.

벌

곤충이 날개를 움직이는 방법은 근육을 사용하는 방식과 가슴의 모양을 바꾸는 방식이 있어요.

잠자리

고리로 연결된 날개

벌은 두 쌍의 날개를 연결해주는 연결고리가 있어서 날갯짓을 할 때 힘이 덜 들어요.

속날개를 보호하는 겉날개

딱정벌레류에게는 속날개를 보호해주는 단단한 겉날개가 있어요.

사슴벌레

엿보는 눈

먹이를 찾기 위해서든 빛을 감지하기 위해서든 공격에서 벗어나기 위해서든,
벌레에게 눈은 아주 중요해요. 벌레의 눈은 모양과 크기가 제각각이에요.
또 벌레 중에는 눈이 여러 개이고, 각 눈이 특수한 기능을 담당하는 부류도 있어요.

겹눈

곤충과 갑각류에게는 조그만 렌즈가 수없이 많이
모여 있는 겹눈이 있어요. 보통 겹눈은 **움직임을
알아채는 능력**은 탁월하지만 사물을 자세히 살펴보는
능력은 떨어져요. 잠자리와 사마귀는 두 가지 능력이
모두 뛰어난 눈을 갖추고 있어요.

실잠자리에게는
머리를 뒤덮을 정도로
커다란 겹눈이
2개 있어요.

홑눈

겹눈

실잠자리

깡충거미에게는 홑눈 8개가 있는데, 그중 넷은 얼굴 앞쪽에 있고, 나머지 넷은 머리 위에 있어요. 이렇게 눈이 많은 덕분에 깡충거미는 거리를 정확하게 판단하고는 먹잇감이 있는 곳으로 와락 달려들 수 있어요.

깡충거미

파리를 잡아본 경험이 있나요? **파리**는 사람보다 움직임을 5배 빨리 알아차릴 수 있어요. 그래서 그렇게 도망을 잘 치는 거예요.

청파리

홑눈

일부 절지동물에게는 겹눈 대신 홑눈이 있어요. 겹눈과 홑눈이 다 있는 절지동물도 있고요! 홑눈은 대체로 겹눈보다 크기가 작고 **빛의 변화를 잘 감지해요.** 그래서 벌레들이 시간을 헤아릴 수 있게 도와주지요.

사마귀는 사람처럼 세상을 3차원으로 봐요. 덕분에 사마귀는 재빨리 움직이면서 먹잇감을 낚아챌 수 있어요.

달팽이는 촉수라고 부르는 눈자루 끄트머리에 눈이 달려 있어요. 달팽이는 시력이 나빠서 길을 찾아갈 때 촉각과 시각을 함께 사용해요.

사마귀

달팽이

달팽이는 '연체동물'이라고 부르는 무척추동물군에 속해요. 연체동물은 보통 몸을 보호하는 단단한 껍질과 촉수를 갖추고 있어요.

벌레와 벌레의 친척들

곤충, 거미류, 지렁이류는 모두 무척추동물이어서 수많은 다른 소형 생명체와 가까운 사이예요. 무척추동물이라는 너른 범위 안에는 절지동물, 체절동물, 연체동물이 포함되어 있어요.

벌레들은 커다란 범위 안에 같이 속해 있기는 하지만 생김새가 저마다 달라요. 꿈틀거리는 벌레에서부터 종종걸음을 치는 거미에 이르기까지 모두가 제각기 다른 모습을 하고 있지요.

무척추동물 중에서 가장 큰 무리는 절지동물이에요. 절지동물이라는 커다란 무리 안에는 곤충, 거미류, 다족류, 갑각류가 포함되어 있어요. 각 무리 안에는 매력적인 동물들이 많아요.

세상에는 우리가 알아가야 할 신기하고 놀라운 벌레가 수없이 많기 때문에 언제나 새롭게 발견되는 것이 있어요.

곤충

곤충은 **무척추동물 중에서 가장 큰 무리**를 이루는데, 범위를 모든 동물로 넓혀도 그래요! 세상에는 24개 부류에 걸쳐 **백만 가지 종류**가 넘는 곤충이 살아요. 그중에서 가장 잘 알려져 있는 곤충은 다음과 같아요.

바퀴벌레

종종거리며 돌아다니는 바퀴벌레는 부엌 청소를 하다가 발견될 때가 많고, 사람이 남긴 음식 부스러기를 먹으며 살아가요.

난초꿀벌

벌, 말벌, 개미

요 조그만 곤충들은 보통 크게 **무리 지어** 살아요. 일부 종에게는 독침이 있어서 상대방에게 고통스러운 독을 주입할 수 있어요.

나나니벌

개미

개미는 먹이를 찾아다닐 때 다른 개미들이 따라올 수 있도록 냄새로 흔적을 남겨요.

가랑잎벌레

곤충은 거의 다 알에서 깨어나요.

잠자리

잠자리와 실잠자리

커다란 두 눈에 아름다운 날개 4장을 갖춘 잠자리는 **하늘을 날아다니는 놀라운 사냥꾼**이에요. 잠자리는 물속에서 살아가는 약충으로 삶을 시작해요.

대벌레

대벌레와 가랑잎벌레

주로 더운 지역에서 발견되는 두 곤충은 주변 환경에 섞여들어 **위장**을 해요.

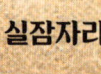
실잠자리

나방

나비

사마귀

은밀한 사냥꾼인 사마귀는 식물이나 꽃에서 기회를 엿보다가 특수한 앞다리로 먹잇감을 낚아채요.

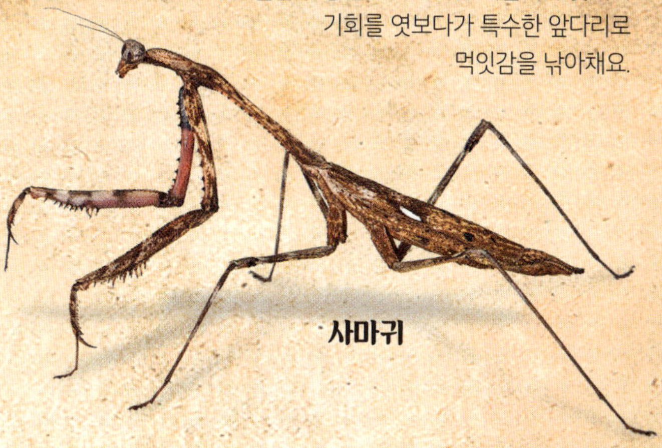

나비와 나방

나비와 나방은 날개를 아름답게 팔랑이며 사막, 열대우림, 산 그리고 우리네 정원에 생기를 더해줘요!

사마귀

곤충의 약 절반은 딱정벌레예요!

꽃무지

딱정벌레

박하잎벌레

모기

파리

엄청난 숫자를 자랑하는 딱정벌레류는 전 세계 곳곳에서 살아요. 딱정벌레에게는 모두 단단한 **외골격**이 있지요.

집게벌레

파리

크기가 작고 몸통이 무른 파리는 날아다니기 위한 커다란 날개 한 쌍과 균형을 잡아주는 작은 날개 한 쌍을 갖추고 있어서 공중에서 **재빠르게 움직일** 수 있어요.

집게벌레

갈라진 틈에서 흔히 볼 수 있는 집게벌레는 주로 **밤**에 밖으로 나와요. 집게벌레는 몸통이 가늘고 길쭉하며 날카로운 집게가 달려 있어요.

귀뚜라미

메뚜기와 귀뚜라미

이 시끄럽게 폴짝거리는 곤충은 주로 **풀밭**에서 볼 수 있어요. 여치도 이들과 같은 과에 속해요.

멸구

금노린재

매미

노린재류

진딧물, 매미, 멸구, 금노린재와 같이 먹이를 **입으로 빨아들이는** 곤충은 '노린재류'에 속해요. 노린재류는 주로 식물에서 영양분을 얻어요.

진딧물

메뚜기

거미와 전갈

거미류는 벌레 세계의 사냥꾼이에요.
다리가 8개고 입 구조가 인상적인
거미류는 먹잇감을 사냥하기에
완벽한 조건을 갖추고 있어요.

많은 거미가 먹잇감을 잡기
위해 **비단결 같은 거미줄**을
쳐요. 거미류 중에서는
거미만이 실을 뽑아내요.

거미

거미류의 약 절반은 거미예요.
대다수 거미에게는 송곳니가 있는데,
이 송곳니는 먹잇감에게 독을 주입할 때
사용하지만 사람에게 위험한 독을
만들어내는 거미는 아주 적어요.

거미는 아직 태어나지
않은 새끼를 보호하기 위해
알주머니를 품고 다닐
정도로 지극 정성을 쏟는
어미가 되기도 해요.

동굴거미

호주공작거미

공작거미는 색상이 화려할 뿐만 아니라
굉장히 멋진 춤사위를 선보이기도 하는데,
춤사위는 짝짓기 상대를 유혹할 때 사용해요.

유럽정원 거미

대다수 거미와 전갈은
'독'이라고 부르는
독성 물질을 만들어요.

전갈

여느 거미류와 마찬가지로 전갈도 다리가 8개예요. 그리고 전갈에게는 커다란 집게가 있는데 이 집게는 사실 입의 일부분이에요! 전갈하면 가장 유명한 건 길고 활처럼 구부러지는 꼬리인데, 전갈은 이 꼬리로 먹잇감을 찔러서 쓰러뜨려요.

전갈의 꼬리 끄트머리에는 **독침**이 있어요.

전갈은 **집게발**로 먹잇감을 잡고, 물을 뜨고, 짝짓기 상대와 춤을 춰요.

바크전갈

물거미는 공기주머니를 갖고 다니면서 물속에서 숨을 쉬어요.

물거미

거미류

거미류 중에서 가장 큰 무리는 거미이지만, 아래 그림에 있는 8개 다리 생명체들 역시 거미만큼이나 매력적이에요.

식초전갈
열대 지방에서 살아가는 이 거미류는 몸 아래쪽에서 산을 내뿜어 스스로를 보호해요.

채찍거미
이름은 거미이지만, 동굴에서 살아가는 이 거미류는 거미가 아니에요. 채찍거미는 어둠 속에서 자기가 갈 길을 더듬거릴 때 길쭉한 앞다리를 이용해요.

진드기
진드기는 다른 동물의 피를 빨아먹으며 살기 때문에 기생충이라고 불려요.

장님거미
거미로 오해받을 때가 많은 장님거미는 '키다리 아저씨'라고 불리기도 해요.

노래기와 지네

노래기와 지네처럼 다족류에 속한 친구들은 **다리가 750개에 이르기도 해요!** 다족류는 다리를 이용해 땅 밑으로 굴을 파고 먹잇감을 쫓아가지요. 지네는 적을 공격할 때도 뾰족한 다리를 이용해요.

대왕노래기

붉은노래기

구슬노래기

노래기

노래기는 느릿느릿 기어 다니는 벌레예요. 여러 다리로 굴을 파고 그 안으로 둥글고 매끄러운 몸을 밀어 넣고는 식물류를 분해해요. 노래기는 대체로 채식주의자여서 죽은 식물과 낙엽을 먹어요.

아프리카대왕노래기를 비롯한 몇몇 노래기는 겁이 나면 몸을 공처럼 돌돌 말아요.

구슬노래기

용노래기

호박벌노래기

노래기는 몸의 마디마다 짤막한 다리가 두 쌍 달려 있어요.

노래기와 지네는
다리를 잃는다고 해도
나중에 새로 자라나요!

밀림노래기

지네

지네는 발 빠른 사냥꾼으로 뱀이나 박쥐, 도마뱀과 같은 작은 척추동물을 사냥하기도 해요. 먹잇감을 재빨리 쫓아가서는 송곳니 역할을 하는 앞다리로 독을 주입하는 거죠.

돌지네

수룩양서지네

지네는 마디마다 다리가 한 쌍씩 달려 있어요.

호랑이지네

다족류

요상하게 생긴 다족류는 누가 누구인지 구별하기가 어려워요. 다족류에는 무엇이 있는지 더 자세히 알아보도록 해요.

구슬노래기
간혹 쥐며느리로 오해받는 구슬노래기는 다른 노래기보다 몸통이 훨씬 짧아요.

납작노래기
이름을 보면 알 수 있듯이 납작노래기는 몸통이 동그랗다기보다는 납작해요.

그리마
다리가 길쭉한 그리마는 집 안 구석구석을 돌아다니며 바퀴벌레를 비롯한 해충을 잡아먹어요.

왕지네
열대 지방에 사는 왕지네는 새, 양서류, 포유류를 사냥해요.

바다달팽이와 바다민달팽이

육지에 사는 달팽이나 민달팽이처럼 가정집 마당에서 살아가는 복족류는 여러분에게도 친숙한 존재일 거예요. 그런데 달팽이나 민달팽이의 몇몇 친척들은 **바다 밑바닥을 기어 다니거나 바닷물에 둥둥 떠다녀요.**

바다나비를 확대한 모습

바다나비는 조그마한 **바다달팽이**예요. 바다나비에게는 두 발이 있는데, 날개처럼 생긴 이 두 발로 물속에서 거꾸로 '날아다녀요.'

바다에서 살아가는 여러 복족류는 **아가미로 숨을 쉬어요.**

바다달팽이

바다달팽이는 보통 나선형 껍질이 붙어 있고 모양과 크기, 색깔이 다양해요.

청자고둥

느릿느릿 움직이는 청자고둥은 먹잇감이 도망치지 못하도록 **치명적인 독**을 사용해요.

바다민달팽이

우리가 가장 흔히 볼 수 있는 바다민달팽이류는 색상이 화려한 갯민숭달팽이예요. 갯민숭달팽이는 주로 열대 지방의 얕은 바다에 살아요. 대다수 갯민숭달팽이에게는 뿔 모양의 촉수 2개와 깃털 모양의 아가미가 있어요.

푸른갯민숭달팽이

갯민숭달팽이류는 육식동물인 경우가 많아요. 그래서 물고기, 조류, 산호뿐만 아니라 다른 갯민숭달팽이도 잡아먹어요!

파랑갯민숭달팽이

꼬마비로드갯민숭달팽이

복족류

복족류는 대개 물속에서 사는데, 그중 민달팽이와 달팽이만 땅에서 살아요.

민달팽이
몸이 유연한 민달팽이는 껍질이 없어요. 주로 어둡고 축축한 곳에서 나타나요.

달팽이
달팽이는 몸을 보호해주는 껍질이 있어요. 민물과 바닷물, 육지에서 살 수 있어요.

삿갓조개
돔 모양 껍질이 붙어 있는 삿갓조개는 보통 바닷가 바위에 붙어 있어요.

전복
바다 복족류인 전복은 요리 재료와 장신구 재료로 채취해요.

쥐며느리

전 세계 어디서나 찾아볼 수 있는 쥐며느리는 **서늘하고 눅눅한 곳에 보금자리를 마련하기를 좋아해요**. 특히 썩어가는 고목 밑에서 사는 걸 좋아하죠. 쥐며느리는 우리가 갑각류라고 부르는 무리에 속해요.

쥐며느리는 공벌레, 콩벌레, 꼬물이 등등 **별명이 많아요.**

쥐며느리는 **곰팡이, 썩어가는 식물, 그리고 자기 자신의 똥도 먹어요.**

쥐며느리 새끼

쥐며느리 어미는 하얗고 연약한 새끼를 새끼주머니에 넣고 다녀요.

쥐며느리는 위협을 느끼면 **틈새로 숨거나 몸을 공처럼 돌돌 말아요.**

쥐며느리는 땅에서 살지만 친척 관계에 있는 다른 동물들처럼 **아가미로 호흡해요.**

쥐며느리거미

쥐며느리가 보인다면 근처에서 주황색 거미를 만날지도 몰라요. 이 주황색 거미는 **쥐며느리를 사냥해서 먹는답니다.**

쥐며느리

쥐며느리는 크면서 **허물을 벗어요.**

갑각류

쥐며느리는 평생토록 물 밖에서 살아가는 유일한 갑각류예요. 나머지 갑각류는 모두 바다 동물이에요.

바닷가재
바다 밑바닥에서 발견되는 바닷가재는 강력한 집게발로 먹잇감을 낚아채요.

게
바닷가에 가면 집게발이 달려 있는 게가 옆으로 걷는 모습을 볼 수 있어요.

따개비
따개비는 배, 바위는 물론이고 거북이나 고래에도 딱 들러붙을 수 있어요.

크릴새우
크릴새우는 바다를 떠다니며 수많은 동물의 먹이가 되어줘요.

거머리
체절동물인 거머리는 다른 동물의 피를 빨아 먹고 살고, 오래전부터 치료용으로 사용되어 왔어요.

체절동물

체절동물은 습하고 눅눅한 환경을 좋아해요. 비가 내리는 날에 지렁이가 많이 나타나는 것도 바로 그런 이유 때문이죠. 체절동물은 땅속으로 파고들 뿐만 아니라 물속에서 헤엄을 치고, 젖은 땅 위로 기어가고, 얼음 속에 굴을 파기도 해요!

지렁이
체절동물 중에서 가장 잘 알려진 생물은 지렁이예요. 지렁이는 토양을 섞고 토양에 공기가 통하게 함으로써 식물이 잘 자라도록 도와줘요.

지렁이는 폐가 없어요, 그래서 피부를 통해서

꿈틀거리는 벌레류

체절동물은 꿈틀거리는 벌레류를 대표하는 세 무리 중 하나예요. 나머지 두 무리는 선형동물과 편형동물이에요.

꿈틀거리는 벌레류

체절동물에게는 환상근과 종주근이라고 하는 두 가지 종류의 특수 근육이 있어요. 체절동물은 이 근육을 번갈아 수축시켜서 움직여요.

산소를 들이마시죠.

대형 청지렁이

호주에 사는 이 커다란 지렁이는 길이가 3미터 넘게 자랄 수 있어요! 움직일 때는 꿀렁꿀렁 소리를 내요.

선형동물

선형동물은 전 세계 어디에나 있고 심지어 다른 동물의 몸속에도 들어 있어요! 하지만 크기가 워낙 작아서 대체로 현미경으로 들여다봐야 보여요.

편형동물

편형동물은 몸체가 부드럽고 체절이 없어요. 그리고 대체로 (다른 동물의 몸 안팎에서 살아가는) 기생충이에요. 사람 몸속에서 살아가는 촌충도 편형동물의 일종이에요.

꿀벌은 벌집 속에 있는 방에서 삶을 시작해요. 그리고 자라는 동안 알, 유충, 번데기, 벌, 이렇게 네 단계를 거치죠.

벌레의 행동

세상은 넓고 크지만 벌레는 아주 작아요. 하지만 그렇다고 해도 벌레가 세상에서 제일가는 군인이나 건축가나 위장의 대가가 되지 말란 법은 없어요.

벌레는 살아가는 장소에 따라 저마다 다른 능력이 필요해요. 그래서 힘이 센 벌레도 있고 약삭빠른 벌레도 있어요. 또 벌레들은 자신의 능력을 활용해 포식자의 눈을 피하기도 하고, 짝짓기 상대를 찾기도 해요.

일부 벌레들의 생존 비결은 서로 힘을 합치는 거예요. 거대한 벌레 군집 안에서 살아가는 벌레들은 저마다 중요한 역할을 맡고 있고, 각 벌레의 생존이 곁에 있는 다른 벌레들의 행동에 달려 있어요.

과학자들은 신기하고 신비로운 벌레들의 행동 앞에서 늘 새로운 것을 배우고 있어요.

난초

난초꿀벌

향기가 나는 벌레

난초꿀벌 수컷은 난초에서 특수한 기름을 채취하고는 그걸 향수처럼 몸에 묻혀요. 이런 행동은 짝짓기 상대를 유혹하기 위해서인 듯해요.

꽃가루받이 곤충

벌은 꽃가루를 운반하는 중요한 역할을 해요.

호박벌

꽃은 곤충을 유혹하기 위해 애를 많이 써요. 곤충이 꽃가루 운반을 도와주거든요. 그래서 꽃은 화려한 색깔과 진한 향기로 자신에게 곤충이 좋아하는 단물이 있다는 걸 과시해요. 곤충이 단물을 먹으려고 꽃에 내려앉으면 곤충의 몸에 꽃가루가 들러붙어요. 곤충에 들러붙은 꽃가루가 다른 꽃으로 옮겨지면, 그 꽃은 씨앗을 만들 수 있게 돼요.

표범나비

식사 시간

나비와 나방에게는 기다란 빨대처럼 생긴 주둥이가 있어요. 나비는 꽃에서 단물을 빨아 먹을 때 이 주둥이를 펼쳐요.

꼬리박각시

주둥이

무화과말벌

무화과

이 세상에는 900종에 달하는 무화과가 있어요.

꽃가루받이로 맺어진 사이

무화과와 무화과말벌은 생존을 위해 서로가 서로에게 필요한 존재예요. 무화과는 자신에게 딱 맞는 무화과말벌을 통해 꽃가루를 받아요. 그 대가로 무화과말벌은 자신이 꽃가루를 옮겨준 무화과 속에서 평생토록 아늑하게 살아가죠.

초콜릿의 원료가 되는 **카카오**는 각다귀가 꽃가루를 옮겨요. 각다귀가 없으면 우리는 초콜릿을 먹지 못할 거예요.

각다귀

꽃무지

카카오

꿀벌난초

꿀벌난초의 꽃은 수컷 벌을 유혹해 꽃가루받이를 할 수 있도록 암컷 벌과 비슷하게 생겼어요.

딱정벌레는 1억 5천만 년이 넘도록 꽃가루받이를 해왔어요.

나방의 한살이

일부 곤충의 한살이는 놀랍기 그지없어서 마치 마법 같아요. 처음 태어났을 때의 모습이 시간이 지나면서 완전히 다른 모습으로 바뀌거든요. **이 과정을 우리는 완전탈바꿈이라고 불러요.**

알

완전탈바꿈의 첫 번째 단계는 알이에요. 나방이 알을 낳고 나면, 보통 2주 안에 애벌레가 알을 깨고 나와요.

산누에나방 알

알을 깨고 나온 애벌레

나방은 애벌레가 알을 깨고 나오면 먹을 것이 충분하도록 나뭇잎 위에 알을 낳아요.

산누에나방 애벌레

유충

완전탈바꿈의 두 번째 단계는 유충이에요. 유충은 먹는 걸 엄청 좋아해요! 커다란 변화를 맞이하기 전에 크고 튼튼하게 자라야 하거든요. 나방과 나비의 유충이 바로 애벌레예요.

번데기

완전탈바꿈의 세 번째 단계는 번데기예요. 번데기 시기에는 커다란 변화가 일어나요! 번데기는 움직이지 못하기 때문에, 포식자의 눈을 피하기 위해 위장을 할 필요가 있어요.

나방 번데기

나방 번데기는 보통 안전을 위해서 명주실에 감싸여 있거나 땅속에 묻혀 있어요.

36

딱정벌레와 파리, 나비, 벌, 말벌, 개미도 **완전탈바꿈**을 거쳐요.

나방 성충은 날개가 마르고 똑바로 펴지면 짝짓기 상대를 찾으러 날아가요.

번데기에서 갓 깨어난 나방 성충은 날개가 젖고 구겨져 있어요.

← **산누에나방 성충**

성충

완전탈바꿈의 마지막이자 네 번째 단계는 나방 성충이 번데기를 깨고 나오는 시기예요. 이때가 되면 나방은 날개가 생기고 모습이 완전히 달라져요. 나방 성충의 가장 큰 목표는 나방의 한살이가 계속해서 이어지도록 짝짓기를 하고 알을 낳는 거예요.

청소부 곤충

동물의 똥은 우리에게는 매력적이지 않지만 소똥구리에게는 **음식이자 보금자리**예요. 소똥구리가 동물의 똥을 집으로 굴려 가든, 아니면 그 자리에서 보금자리로 삼든 **소똥구리가 동물 똥을 아주 좋아한다**는 건 틀림없어요.

소똥구리는 다른 소똥구리가 스리슬쩍 다가와 **소똥 경단을 훔쳐가지 못하도록** 재빨리 소똥 경단을 굴려 가요.

소똥구리 암컷은 소똥 속에 알을 낳기 위해서 보통 소똥 경단 **꼭대기에 올라타고 가요**.

소똥 경단의 무게는 경단을 굴리는 소똥구리보다 50배 넘게 무거울 때도 있어요.

발톱

소똥 굴리기 선수

수컷 소똥구리는 똥을 수집하는 일을 아주 잘 해요. 튼튼한 뒷다리에 달린 발톱은 똥 경단을 밀고 갈 때 쓸모가 많아요. 놀라울 정도로 힘이 센 소똥구리는 '소똥 굴리기 선수'라고 불려요.

소똥구리

소똥구리가 깨끗이
청소해주지 않는다면,
들판과 초원은 동물의 똥으로
넘쳐날 거예요!

소똥구리는 다른 장소로 재빨리 이동해야 할 때면, 날개를 펴고 요란스레 하늘로 날아올라요.

땅속에 묻어둔 보물

소똥구리 중에는 '굴'을 파는 것으로 알려진 친구들이 있어요. 이들은 튼튼한 앞다리로 굴을 파고는 소중한 똥 경단을 땅속에 묻어요.

잡식동물(식물과 고기를 모두 먹는 동물)의 냄새 나는 똥은 찾기가 쉽지만, 소똥구리는 코끼리와 코뿔소, 양, 소와 같은 **채식동물(식물을 먹는 동물)의 똥을 더 좋아해요.**

아늑한 우리 집

몇몇 소똥구리는 똥 경단을 자기 집으로 굴려 가는 반면, 똥 더미 속으로 파고들어 그곳을 자기 집으로 삼는 소똥구리도 있어요.

힘을 모아 일하는 곤충

꽃 속에 들어 있는 달콤한 단물은 발견하기가 쉽지 않아요. 단물 채취에 안성맞춤인 꽃밭을 찾으려면 오랜 시간 동안 날아다녀야 할 수도 있죠. 꿀벌은 단물과 꽃가루를 많이 얻을 수 있는 장소를 발견하면, 같은 군집에 있는 동료들에게 그 장소를 정확하게 알려줘요.

군집이란 같이 살아가는 곤충 무리를 말해요.

꿀벌

호박벌

꽃가루 통

디기탈리스 꽃에는 단물의 위치를 알려주는 부위가 있어요.

먹이 찾기
몇몇 꽃은 꽃잎에 단물의 위치를 알려주는 특별한 무늬가 있어요. 벌은 뛰어난 시각으로 그 무늬를 쫓아 숨겨져 있는 단물을 발견하죠.

실어 나르기
벌의 위는 단물을 집으로 가져가기에 적합해요. 또 일부 벌에게는 뒷다리에 꽃가루를 수집해 나를 수 있는 꽃가루 통이 달려 있어요.

벌이 군집을 이뤄 사는 집을 우리는 **벌집**이라고 불러요. 벌집으로 돌아온 벌은 꽃에서 가져온 **단물**로 **꿀**을 만들어요.

벌집에서 춤을 추는 꿀벌

자그마한 춤꾼

벌은 벌집 근처에서 단물을 따올 수 있는 곳을 발견하면, 집으로 돌아와 원을 그리며 춤을 춰요. 꽃이 먼 곳에 있을 때는 8자 춤이라고 부르는 춤을 더 자세하게 추는데, 이 춤은 단물이 있는 장소를 정확하게 알려줘요.

8자 춤의 **각도**는 꽃이 있는 방향을 알려줘요.

꿀벌 군집은 여왕벌, 수벌, 그리고 수많은 일벌로 이뤄져요.

8자 춤의 **길이**는 꽃이 얼마나 멀리 떨어진 곳에 있는지를 알려줘요.

꿀벌은 꿀을 저장하기 위해 육각형 모양의 벌집을 지어요.

벌집

단물을 마시는 호박벌

반짝거리는 곤충

동물이 빛을 내뿜는 현상을
우리는 '생체발광'이라고 불러요.
빛을 내는 동물이라고 하면 바다에서 살아가는
해파리도 있지만, 날아다니는 동물 중에서
빛을 내는 동물은 반딧불이밖에 없어요.
반딧불이는 짝을 찾기 위해 공중에서
춤을 추면서 생체발광 능력으로
숲속을 밝혀요.

**반딧불이가
빛을 내는 방법**
반딧불이는 몸속에서 산소와
루시페린이라는 발광 물질을
섞어서 빛을 내요.

**수컷
포티누스반딧불이
성충**

포티누스 피랄리스
(북두칠성 모양으로 불빛을 내요)

포티누스 이그니투스
(불빛을 규칙적으로 깜빡여요)

포티누스 콘상귀네우스 (두 번씩 연달아 불빛을 내요)

포티누스 카롤리누스
(여러 반딧불이가 동시에 불빛을 내요)

불빛의 형태도 제각각

반딧불이는 종류별로 저마다 다른 형태의 불빛을 내뿜어요. 불빛을 지속적으로 내는 종류도 있고, 일정한 간격으로 깜빡이거나 번쩍이는 종류도 있죠.

다 같이 춤을

여러 마리가 동시에 불빛을 내는 반딧불이는 똑같은 불빛을 같이 낼 수 있어요. 이 반딧불이는 여름철이면 수백만 마리가 모여 장관을 이뤄요.

반딧불이의 불빛은 세상에서 가장 효율적인 불빛이에요. 열로 잃어버리는 에너지가 거의 없다시피 하거든요.

짝짓기 상대 찾기

수컷과 암컷은 불빛으로 대화를 나누며 자기 짝을 찾아요.

위장술

벌레는 크기가 작아서 포식자들에게 손쉬운 먹잇감으로 보이기 십상이에요. 시간이 흐르는 동안, 다행스럽게도 이 위장술의 대가들은 **다른 동물의 눈에 잘 띄지 않는 기발한 방법**을 발전시켰어요.

유리날개나비

가랑잎벌레

낙엽사마귀

눈에 띄지 않기

일부 벌레는 주변 환경과 비슷해 보이는 수준에 만족하지 않고 아예 투명해요. 유리날개나비 같은 경우에는 날개가 투명해요. 그래서 동물들의 눈에는 나비 날개 너머 맞은편이 그대로 들여다보이죠.

주변 환경에 녹아들기

위장하는 벌레는 주변 환경과 비슷해 보이기 때문에 다른 동물의 눈에 띄지 않은 채로 자신의 보금자리에서 빠져나올 수 있어요. 덕분에 포식자들의 눈에 쉽게 띄지 않죠.

가시벌레

나뭇잎으로 위장하는 방법은 오히려 독이 될 때도 있어요. 배가 고픈 **초식동물**이 가랑잎벌레를 먹이로 착각하고 먹어치울 때도 있거든요.

제비꼬리나비 애벌레는 새똥처럼 보일 때가 많아요.

말머리방아깨비

가시벌레 무리는 마치 식물이나 나뭇가지의 일부처럼 보여요.

44

눈알 무늬

일부 벌레에게는 대형 동물의 눈을 닮은 눈알 무늬가 있어요. 애벌레와 나비에게 있는 눈알 무늬는 포식자를 헷갈리게 만들고 겁을 주기 때문에 새를 비롯한 포식자들을 쫓아낼 수 있어요.

눈알 무늬

부엉이나비

번데기

부엉이나비 번데기는 주변 환경에 잘 녹아들기 때문에 눈에 잘 띄지 않고 위험한 상황을 피할 수 있어요.

누구일까요?

벌레 중에는 무섭게 보이는 방법으로 포식자들을 쫓아내는 부류도 있어요. 누군가의 저녁 식사 거리가 되지 않기 위해서 실제로는 무서운 벌레가 아니면서도 그런 속임수를 쓰는 거죠.

박각시나방 애벌레

일부 **박각시나방 애벌레**는 독사처럼 보이는 위장술로 포식자를 속여요.

선명한 색깔 드러내기

자기에게 독이 있다면, 구태여 몸을 숨길 필요가 없어요. 지독한 맛이 나거나 독이 있는 벌레는 대체로 포식자들에게 자신을 먹지 말라는 경고의 의미로 선명한 색깔을 드러내요.

프랜지파니 박각시나방 애벌레

45

청각

벌레 중에는 놀라운 청력으로 포식자를 피하고 짝짓기 상대를 찾아내는 부류도 있어요. 이들은 우리가 들을 수 있는 수준보다 훨씬 높은 영역에 있는 소리를 들을 수 있지요.

박쥐

일부 **나방**은 박쥐가 내는 초음파를 듣고는 잡아먹히지 않기 위해 도망칠 수 있어요.

나방

모기는 윙윙거리는 날갯짓 소리로 짝짓기 상대를 골라요.

벌레의 귀는 우리가 예상치 못한 곳에 달려 있기도 해요. 예를 들어, **메뚜기와 여치** 같은 경우에는 귀가 앞다리에 붙어 있어요!

지렁이는 귀가 없어요. 대신 진동을 통해 자기 옆을 지나가는 동물의 움직임을 알아차려요.

여치

귀

초감각

벌레는 이 세상을 사람과는 매우 다른 방식으로 경험하지만 생존을 위해 사용하는 **다섯 가지 감각**은 우리와 똑같아요.

미각

우리는 혀로 맛을 보지만, 벌레는 발을 비롯한 여러 가지 다른 부위로 맛을 느껴요!

북아메리카말벌

초파리

먹이 위에 내려앉은 파리는 음식이 먹을 만한지 아닌지 판단하기 위해 발을 사용해요.

달팽이

촉수

달팽이와 민달팽이는 **촉수**로 맛을 봐요.

북아메리카말벌은 육식동물이지만 향긋하고 달콤한 물질에도 이끌려요.

벌레의 방어술

벌레는 제아무리 애를 써도 **공격을 받을 때가 있어요.** 그런 상황이 생기면 벌레는 놀라운 방법으로 자기 몸을 지켜요.

역한 냄새가 나는 거품

분비물 내뿜기
많은 벌레가 포식자의 공격에서 벗어나기 위해 역한 냄새가 나는 물질을 내뿜어요. 몇몇 나방은 공격을 받으면 역한 냄새가 나는 거품을 내뿜어요.

지렁이는 점액질을 분비하는데, 이 점액은 땅속으로 미끄러져 들어가 적을 피할 때 도움이 돼요.

아메릴라나방

지렁이

시끄러운 소리내기
바퀴벌레는 쉿쉿 하는 소리로 포식자를 쫓아내요. 바퀴벌레는 몸통 옆에 있는 숨구멍으로 공기를 밀어내 커다란 소리를 내지요.

메뚜기

다리 떨어뜨리기
메뚜기를 비롯한 몇몇 벌레는 다리를 하나 떨어뜨려서 포식자를 헷갈리게 만들어요! 다행스럽게도 잃어버린 다리는 허물벗기를 몇 번 거치면 다시 자라나요. 허물벗기란 새로운 피부가 자라나기 위해서 오래된 피부가 벗겨지는 걸 말해요.

마다가스카르 휘파람바퀴벌레

껑충 뛰어오르기

벌레 중에는 겁을 먹으면 죽은 척하는 부류도 있지만, 방아벌레는 공중으로 탁 튀어 올라 적의 손아귀에서 벗어나요.

방아벌레

많은 벌레는 자기 몸을 감싸는 단단한 외골격으로 스스로를 보호해요.

말안장애벌레

말안장애벌레는 독이 있는 털로 뒤덮여 있어요.

독이 있는 털

털에 독이 있는 애벌레도 여럿 있어요. 이 털에 찔리면 몹시 가렵고 아파요.

몸을 돌돌 말아!

청벌은 쥐며느리와 마찬가지로 위협을 느끼면 자기 몸을 공처럼 돌돌 말아 보호 자세를 취해요.

청벌

개미의 방어술

유럽불개미는 집에 침입자가 들어오면, 배를 다리 사이로 내밀고는 침입자를 향해 **산성 물질**을 발사해요. 일부 영리한 새들은 근질거리는 진드기를 떨어뜨릴 목적으로 유럽불개미에게 접근해 깃털에 개미산을 뿌리게 만들기도 해요.

새가 개미산으로 깃털을 청소하는 방법을 '앤팅'이라고 불러요.

유럽불개미는 대체로 애벌레를 비롯한 벌레류를 먹어요.

유럽불개미

일개미

애벌레

벌레의 보금자리

벌레는 어디에나 있어요! 여러분이 어디에서 살고 있든, 여러분 곁에는 분명 벌레가 살고 있을 거예요.

수백만 년 전, 최초의 벌레는 바다에서 살았어요. 그러다가 세상 곳곳으로 퍼져나갔죠. 이제는 하늘에서도, 땅속에서도, 그리고 하늘과 땅 사이에 있는 수많은 곳에서도 벌레들을 만날 수 있어요.

벌레는 생활환경이 아주 혹독한 곳에서도 살아갈 수 있어요. 뜨겁고 메마른 사막에서부터 꽁꽁 얼어붙은 산꼭대기에 이르기까지 자기가 살아가는 장소에 적응을 잘 하죠. 게다가 다른 벌레나 동물의 보금자리를 빼앗는 녀석들도 있어요!

그럼 지금부터 아름답고 신기한 벌레들의 보금자리에 대해서 알아보도록 해요.

제왕나비는 북아메리카의 추운 겨울을 피해 따뜻한 멕시코 삼림지대로 긴 여행을 떠나요. 삼림지대에 도착한 나비들은 나무에 옹기종기 모여 잠을 자며 몇 달을 보내요.

물속 벌레들

무척추동물 중에는 평생 물속에서 살아가는 부류가 있어요. 숨 쉴 공기도 없고, 곳곳에 배고픈 물고기가 도사리고 있는 수중 세계에서 살아가기 위해, 벌레들은 **기발하고 흥미로운 생존법**을 개발해냈어요.

하루살이

물맴이

하루살이 약충

물속에서 숨쉬기

하루살이 약충과 같은 벌레는 물속에서 산소를 얻을 수 있는 아가미가 있어요. 하지만 다른 벌레들은 공기 중에서 산소를 얻어야 해요.

물속 탐험가

물속에서 살아가는 벌레는 다양한 방식으로 물속을 돌아다녀요. 다리를 노처럼 저어 물속에서 헤엄을 치는 부류도 있고, 바위나 식물 위로 기어오르는 부류도 있죠. 또 물 위에서 스케이트를 타듯이 움직이는 부류도 있어요!

물방개는 몸에 공기 방울을 달고 다녀요.

물방개

동굴 속 벌레들

동굴은 어둡고 눅눅하고 고요해요. 동굴 속에서 사는 벌레들은 **이처럼 독특한 조건 속에서 살아남도록 특별하게 진화했어요.** 이들은 보통 앞을 못 보고 색깔이 없지만, 그중 일부에게는 특수한 감각계가 있어요.

동굴 생활에 적응한 동물을 우리는 동굴성 동물이라고 불러요.

동굴노래기

동굴노래기는 여러 동굴 속 벌레들처럼 하얀색이에요. 동굴 속 포식자들은 앞을 못 보기 때문에 굳이 어두컴컴한 동굴과 비슷한 색깔로 위장할 필요가 없어요.

채찍거미

채찍거미는 길고 가느다란 앞다리로 주변을 감지해요. 주변을 살피듯 더듬으며 칠흑같이 어두운 동굴 속 풍경을 파악하고는 종종걸음으로 돌아다니며 강력한 턱으로 조그만 벌레를 사냥해요.

뉴질랜드
반딧불이

뉴질랜드반딧불이

뉴질랜드반딧불이는 '버섯파리'라고도 불러요. 버섯파리는 조그만 구더기 모양으로 유충 단계를 지내는데, 이때 동굴 지붕에 실로 만든 그물 침대 모양으로 매달리고는 점액질 성분을 늘어뜨려 먹잇감을 잡아요. 유충의 꼬리에서 빛이 나면, 끈적거리는 낚싯줄이 크리스마스트리처럼 빛나요. 그러면 먹잇감이 황홀한 불빛에 이끌려 다가오죠.

동굴
달팽이

동굴달팽이

벌레의 친척인 동굴달팽이는 대개 껍질이 투명해요. 그래서 빛이 껍질을 통과해 버리는데, 그 모습이 마치 유령을 보는 듯해요.

곱등이

곱등이는 낮에는 동굴 속에서 시간을 보내다가 밤이 되면 바깥으로 나와 먹잇감을 사냥해요.

곱등이

곱등이 똥은 동굴 속에서 살아가는 여러 벌레에게 먹이가 되어줘요!

장님좀먼지벌레

장님좀먼지벌레

장님좀먼지벌레는 동굴 속에서 살아가는 벌레 중에서 가장 먼저 발견된 종류 중 하나예요. 이들은 앞을 보지 못하기 때문에 다리와 더듬이로 주변을 더듬으면서 위험물을 피해요.

숨 쉬는 건축가들

침과 똥, 진흙으로 만든 흰개미 집은 다 짓기까지 수년이 걸리는 엄청난 구조물이에요. 세계에서 가장 오래된 흰개미 집은 고대 이집트 시대에 만든 것으로, 굿곳이 피라미드만큼이나 놀라워요.

흰개미 집은 모양과 크기가 다양해요.

열심히 일해요

흰개미는 지마다 다른 역할을 맡아요. 암컷과 수컷 흰개미는 집을 짓고 관리하는 역할을 담당하는데, 흰개미 집에는 흰개미 가족이 백만 마리 이상 살기도 해요.

몇몇 새는 흰개미 집에 둥지를 틀어요.

굴뚝

세상에서 가장 큰 흰개미 집은 높이가 6미터가 넘어요!

흰개미 중에는 버섯 모양의 집을 짓는 종류도 있어요.

공주린 개미핥기는 길고 끈적이는 혀로 집 안에 있는 흰개미를 잡아먹어요.

침입자

많은 동물이 흰개미의 집을 훔쳐요. 냥은 개미, 벌, 도마뱀, 앵무새는 모두 예전부터 흰개미의 집에서 살아왔어요.

흰개미 집은 굴뚝과 통로를 통해 공기가 드나들기 때문에 집안 온도가 일정하게 유지돼요.

일개미

58

많은 벌레가 우리 발밑에 집을 짓고는
땅속 터널 망을 통해 돌아다녀요.

땅강아지 암컷은 노랫소리를 듣고는 소리가 나는 음향실로 이끌려 가요.

땅강아지

짝짓기 철 동안 땅강아지 수컷은 땅을 파서 특별한 음향실을 만드는데, 이 음향실은 땅강아지의 노랫소리를 더 크게 키워줘요.

강력한 뒷다리는 땅파기 작업에 꼭 필요해요.

땅강아지 수컷은 음향실 안에서 노랫소리를 내요.

땅강아지는 거의 평생 땅속 터널 망 속에서 살아요.

벌레들의 **번데기**는 땅속에서 사는 경우가 많아요.

번데기

땅굴을 파는 벌레들

무척추동물은 우리 눈에 보이지 않는 땅속에서 살아가는 경우가 많아요. 이들은 안전모나 안전조끼는 걸치지 않지만, 그 누구 못지않게 땅굴을 잘 파요.

개미귀신 유충

개미귀신 유충은 보드라운 모래 속에 깔때기 모양으로 구멍을 파고는 그 아래에 가만히 숨어서 기다려요. 그러다가 개미가 덫에 빠지면 개미가 자기 입 쪽으로 굴러떨어지도록 모래 알갱이를 튕겨요.

문짝거미

문짝거미는 거미줄을 엮어 놓은 터널 속에 사는데, 이 터널은 문짝거미가 입으로 파서 만든 거예요. 문짝거미는 거미줄로 만든 문 뒤에 숨어 있다가 그 사실을 까맣게 모르고 지나가는 벌레를 와락 덮쳐요.

개미귀신 유충은 시간이 지나면 개미귀신이 되는데, 그 모습이 마치 실잠자리를 닮았어요.

개미귀신 유충은 입이 자기 머리만큼 커요.

문짝거미 암컷은 자기가 만든 터널 속에서 평생 살아갈 수 있으며, 몸집이 커감에 따라 터널을 더 넓게 만들어요.

나나니벌

혼자 있기를 좋아하는 나나니벌은 가시털이 달린 다리로 둥지를 파고는 둥지 하나에 알을 하나 낳아요. 그러고는 알에서 나온 애벌레가 먹을 수 있도록 전신이 마비된 벌레를 둥지에 집어넣고 나서 둥지에 있는 구멍을 막아요.

나나니벌　　**가시털**

벌레 세계의 해적들

플라스틱이다! 바다에 쌓인 쓰레기는 바다 입장에서는 좋지 못한 **소식이에요.** 하지만 바다에는 플라스틱 쓰레기 위를 보금자리 삼아서 살아가는 생물이 하나 있어요. 그건 바로 바다소금쟁이죠.

바다 생활

바다소금쟁이는 탁 트인 바다에서 살아요. 이들은 짜고 차갑고 거대한 파도 속에서 **살아갈 수 있는** 유일한 곤충이죠.

바다소금쟁이

태평양 거대 쓰레기섬(태평양 한가운데에 떠 있는 거대한 쓰레기 더미)에서는 바다소금쟁이가 살아가는 모습이 포착되어 왔어요.

다가오는 위험

바다소금쟁이가 너무 많아지면 해양 생태계의 균형이 무너져요. 바다소금쟁이는 고래를 비롯한 다른 동물이 먹고 살아가는 플랑크톤을 먹거든요.

플랑크톤을 확대한 모습

바다소금쟁이는 플라스틱이 밀려오기 전에는 새의 깃털이나 조개껍질에 알을 낳았어요.

바다소금쟁이는 6개 다리에 난 털에 붙은 조그만 공기 방울을 이용해 바닷물 위에 떠 있어요.

알

극한 환경

벌레는 꽁꽁 얼어붙은 빙하와 타오르는 듯한 사막, 그리고 높다란 산꼭대기와 바다 밑 깊은 곳에 이르기까지 **거의 모든 곳에서 살아남을 수 있어요!**

쌓이고 쌓여서 층이 진 눈은 오랜 세월에 걸쳐 내리눌리면서 얼음이 되고 빙하를 이뤄요. 자그마한 **얼음벌레**는 빙하가 갈라진 틈 사이로 꿈틀꿈틀 기어 다니며 거기서 자라는 조류를 먹어요.

얼음벌레는 추위에 적응이 잘 되어 있는 생물이라서 우리가 따스한 손으로 쥐고 있기만 해도 죽을 수 있어요.

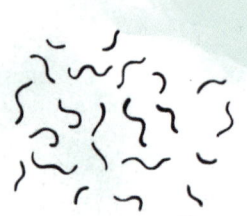

이사벨라불나방 애벌레는 피 속에 몸속 수분이 얼지 않게 막아 주는 물질이 들어 있어요.

툰드라

눈과 얼음으로 뒤덮여서 식물이 거의 자라지 않는 땅에서 살아가는 벌레는 몹시 **추운 겨울 날씨**에 대비가 되어 있어야 해요.

나미비안딱정벌레는 자기 몸에 아침 안개를 모으고는 물방울이 입으로 흘러들어오도록 물구나무를 서요.

바퀴거미는 위험을 피하기 위해 모래 위에서 공중제비를 돌아요.

태양거미는 거미류에 속하지만 이름과 달리 거미는 아니에요. 이들은 지네나 전갈처럼 독이 있는 벌레를 쓰러뜨릴 정도로 강력하지요. 그리고 밤에 사냥을 다녀서 사막에 내리쬐는 뙤약볕을 피한답니다.

사막

사막은 **뜨겁고 메마른** 곳이어서 벌레들이 살아가기에 가장 힘겨운 곳 중 하나예요.

북극호박벌은 추위를 잘 견뎌야 하기 때문에 남쪽 지방에 사는 호박벌에 비해 털이 더 두꺼워요.

눈벼룩의 몸에는 마치 용수철 같은 부위가 있어서 눈 위로 깡충깡충 뛸 수 있어요.

히말라야깡충거미는 에베레스트산을 비롯한 세상에서 가장 높은 산에 살아요.

산

높은 산에서 살아가는 벌레는 공기와 먹이가 부족한 조건 속에서 살아남아야 하고, 추운 날씨를 견뎌야 해요.

대왕관벌레는 박테리아에 의존해서 살아가요. 이들은 키가 1.8미터 넘게 자랄 수 있어요.

옆에 있는 벌레는 **설인게**예요. 설인게는 털북숭이 다리로 박테리아를 모아요.

심해홍합은 열수분출공에서 나오는 아주 뜨거운 물속에서 잘 자라요.

열수분출공

바다 바닥에 있는 구멍에서는 아주 뜨거운 바닷물이 솟구쳐 나와요. 이곳에 사는 **박테리아**는 거의 모든 심해동물에게 먹이가 되어줘요.

벌레와 사람

벌레는 수백만 년 동안 지구에서 살며 번성했어요. 하지만 사람이 나타난 뒤로 벌레를 포함한 거의 모든 동물의 삶에 변화가 찾아왔지요.

벌레들의 숫자가 변하고 있어요. 벌레 중에는 인간의 활동 때문에 숫자가 늘어난 종류도 있기는 해요. 하지만 그와 반대로 숫자가 줄어드는 종류도 있고, 그저 줄어드는 수준을 넘어 완전히 멸종 직전인 벌레도 있어요.

우리가 자연을 친절하게 대한다면, 벌레와 사람은 앞으로 오래도록 조화롭게 살아갈 수 있을 거예요. 그러기 위해서는 벌레를 먹거나 이용하거나 키울 때, 책임감과 존중감을 갖고 오래도록 지속 가능한 방식을 택해야 해요.

벌레는 몸집은 작지만 우리 지구에 아주 중요한 존재라는 사실을 기억하고, 벌레를 보호하기 위해 최선을 다해야 해요.

공작나비 애벌레가 담긴 유리병이에요. 벌레 수집은 벌레를 더 잘 알아가는 좋은 방법이기는 하지만, 관찰이 끝난 뒤에는 벌레를 반드시 발견한 장소에 다시 풀어줘야 한다는 점을 잊지 마세요.

슈퍼마켓

거미

거미줄
거미줄은 강하고 질기고 아주 가벼워요. 그래서 예전부터 옷감을 짜거나 바이올린 줄을 만들 때 활용해 왔지만 많은 양을 얻기가 너무 어렵기 때문에 많이 쓰이지는 않아요.

굴

진주
굴이나 홍합 같은 연체동물은 껍질 속에 들어오지 말아야 할 물질이 껍질 안에 들어오면 진주를 만들어내요. 진주는 보석으로 쓰이죠.

누에

비단
우리가 사용하는 비단은 대개 뽕나무 누에고치에서 얻어요.

5천 년이 넘는 세월 동안, 품질이 좋은 옷감을 생산할 때는 뽕나무 누에를 사용해 왔어요.

벌레류는 믿기지 않는 재료를 만들어내요. 수천 년 전부터 사람들은 벌레가 만들어내는 물질을 무척 유용하게 사용할 수 있다는 걸 깨닫고는 벌레 사육을 시작했어요. 벌레가 만들어내는 제품은 지금도 세계 곳곳에서 접할 수 있어요.

벌

꿀
인간은 약 1만 년 전부터 야생벌로부터 꿀을 채취했어요. 이제 벌을 키우고 꿀을 생산하는 작업은 규모가 커다란 사업으로 자리 잡았어요.

밀랍
일벌은 벌집을 짓기 위해 특수한 밀랍을 만들어내요. 우리는 이 밀랍을 양초와 광택제를 만들 때 재료로 활용해요.

로열젤리
벌은 애벌레와 여왕벌의 먹이가 되는 로열젤리를 만들어요. 우리는 로열젤리로 얼굴에 바르는 크림을 만들죠.

곤충

음식 색소
음식에 붉은빛이 돌게 해주는 몇몇 색소는 남아메리카에 사는 연지벌레를 갈아서 만들어요.

독
독이라고 하면 위험하다는 생각부터 들겠지만, 의료계에서는 독을 유용하게 사용하기도 해요. 벌과 개미의 독은 관절이 붓거나 피부가 손상되었을 때 치료제로 활용해요.

문제점

다시 생각해봐요
벌레는 여러 가지 유용한 재료로 쓰이지만, 우리가 비단이나 색소 등을 만들고 추출하는 과정은 잔인한 면이 있어요. 누에 번데기는 비단을 만들기 위해 고치를 풀어낼 때 죽고, 연지벌레는 소량의 색소를 얻는 과정에서 수없이 많이 죽어요. 벌레에서 나온 재료로 만든 물건을 살 때는 이런 점을 잘 생각해봐요.

먹는 벌레

세계 여러 나라의 사람들은 인류 문명이 시작된 이래로 꿈틀거리는 벌레를 우적우적 먹어왔어요.
지금도 전 세계 사람 중에서 네 명 중 한 명이 벌레를 먹고 있고, 이들이 먹는 벌레는 2천 가지가 넘어요! 미래에는 애벌레가 늘어나는 인구를 먹여 살릴 주요 단백질원 중 하나가 될 수도 있어요.

전채 요리

모파인애벌레
삶거나 햇볕에 말린 모파인애벌레는 철, 아연, 마그네슘이 풍부해요.

개미
아마존 열대우림에 서식하는 싱싱한 레몬개미는 식사 중에 먹으면 입안을 개운하게 만들어줘요.

타란툴라
캄보디아 길거리에서는 바싹 구운 거미 요리를 쉽게 볼 수 있어요.

대벌레
누구나 좋아할 만한 맛은 아니지만, 대벌레는 나뭇가지와 비슷한 맛이 나요.

에스까몰레
개미 유충으로 만드는 이 멕시코 음식은 '곤충 캐비어'라고도 불리는데 맛이 꼭 보드라운 크림치즈 버터 같아요.

 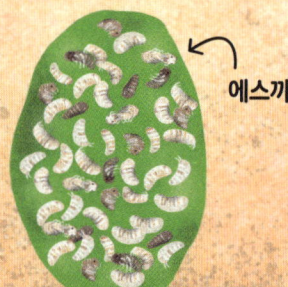

↖ 에스까몰레

주 요리

바퀴벌레
과일과 채소를 먹고 자란 바퀴벌레에는 몸에 좋은 비타민이 가득 들어 있어요.

바퀴벌레 ↘

흰개미
불에 구운 흰개미는 기름기가 돌고 단백질이 풍부해요.

메뚜기
메뚜기는 주로 볶아 먹거나 삶아서 수프로 먹으며, 살짝 단맛이 나요.

물장군
태국과 베트남 사람들이 즐겨 먹는 물장군은 비린내가 나는 계란 스크램블 맛이 나요.

콜롬비아 왕개미

콜롬비아의 별미인 왕개미는 짭짤한 맛이 강해요.

← 콜롬비아왕개미

후식

노린재
냄새 때문에 주저하지 마세요. 노린재는 요리를 해놓으면 사과 맛이 나요.

진딧물
달콤한 식물 수액이 가득 든 진딧물은 시럽을 만들 때 섞기도 해요.

매미
날개가 길쭉한 매미는 주로 버터밀크를 곁들여서 요리해요. 매미는 부드러운 견과류 맛이 나요.

꿀단지개미
꿀단지개미는 아이스크림에 뿌려 먹기 딱 좋아요. 포도알처럼 생긴 꿀단지개미의 배에는 달콤하고 따뜻한 즙이 가득 들어 있어요.

식용 벌레를 멸종 위기에 빠뜨리지 않는 것과 책임감 있게 기르는 건 무척 중요한 일이에요.

특선 요리

쿵가 케이크
다진 각다귀를 듬뿍 넣어 만든 쿵가 케이크는 케이크만 따로 먹기도 하고 다른 음식에 곁들여 맛을 더하기도 해요.

카수 마르주
옆에 있는 그림처럼 냄새가 고약하고 구더기가 들끓는 치즈는 먹지 마세요. 이런 치즈는 우리 몸에 해를 입힐 수 있어서 이제는 금지 식품이 되었어요!

위체티애벌레
위체티애벌레는 생으로 먹으면 아몬드 맛이 나요.

차풀리네
멕시코에서는 메뚜기에 라임과 마늘, 소금을 넣어 굽고는 옥수수 토르티야 위에 얹어서 내놓아요.

개미 수프
아시아 일부 지역에서 식재료로 사용하는 개미나 개미 알은 매콤한 수프에 신맛을 더해줘요.

거저리 애벌레 타르트
거저리 애벌레는 타르트에 얹으면 견과류 맛과 바삭한 맛을 더해줘요!

지구를 도와요

많은 사람이 벌레를 해충으로 여기지만 사실 벌레는 대체로 아주 쓸모가 많아요. **벌레가 없다면 지구에서의 삶은 완전히 달라질 거예요.** 벌레는 사람뿐만 아니라 우리 지구의 생존을 위해서도 꼭 필요해요. 요 작은 영웅들이 없었다면 우리가 알고 있는 지구는 존재하지 않았을 거예요.

꽃가루받이 도우미
과일과 채소를 위해 꽃가루받이를 해주는 벌레가 사라진다고 생각해 보세요. 벌레가 없다면 전 세계 농작물의 삼 분의 일과 무수히 많은 야생 식물이 사라지고 말 거예요.

미국지빠귀가 지렁이를 먹는 모습

먹이사슬
벌레는 몸집은 작지만 먹이사슬의 시작점에서 아주 중요한 역할을 해요. 벌레는 수많은 양서류, 조류, 포유류, 파충류의 먹이가 되어줘요.

모든 생명체는 아슬아슬하게 균형을 유지하는 자연계에서 저마다 중요한 역할을 맡아요.

해충의 숫자 조절하기

포식충이 해충을 잡아먹고 여러 해충의 숫자를 조절해주는 덕분에 해충이 농작물을 휩쓸지 못해요.

무당벌레가 진딧물을 잡아먹는 모습

자연의 재순환 돕기

자연계의 청소부들은 폐기물을 처리해서 자신의 먹이로 재활용해요. 벌레가 없다면 동식물의 사체나 배설물은 큰 골칫거리가 될 거예요.

구슬노래기가 썩은 나무를 먹는 모습

자연계의 정원사

땅속에서는 벌레가 식물이 잘 자라도록 토양을 기름지게 만들어요. 벌레의 똥은 비료가 되어주고, 벌레가 파는 터널은 식물의 뿌리에 물과 공기가 닿는 통로 역할을 해요.

나방은 인공조명을 향해 달려들어요.

위험에 처한 벌레들

전 세계 곳곳에서 벌레들이 급격하게 사라지고 있어요. 주요 원인은 인간이 몰고 온 지구 생태계 변화 때문이죠. 우리가 행동을 바꾸지 않으면, 벌레는 이 세상에서 완전히 사라지고 말 거예요.

여러 벌레는 햇빛이나 달빛과 같은 자연광을 이용해서 길을 찾고 시간을 가늠해요. 인공조명은 벌레에게 혼란을 줘서 벌레들이 잘못된 곳으로 향하게 만들어요.

기후 변화

기온 상승과 기후 변화는 꽃과 식물의 성장 과정에 영향을 미쳐요. 그 말은 벌레들이 적절한 때에 적절한 장소에서 먹이를 구하지 못할 수도 있다는 뜻이죠. 벌레들이 생존에 필요한 먹이를 구하지 못하면, 벌레를 먹고 살아가는 동물들 역시 위험에 처하게 돼요.

서식지 파괴

도시가 팽창하면서 자연 녹지가 사라지고 숲이 줄어가고 있어요. 그 때문에 벌레들이 살아갈 터전과 먹이활동을 할 장소가 점차 줄고 있어요.

사라지는 벌레 천국

한때 정원은 벌레들을 위한 천국이었어요. 하지만 사람들이 점점 더 울타리를 많이 치고 잔디를 손질하고 땅을 비닐과 콘크리트로 덮어 버리자, 벌레들이 사람 곁에서 살아갈 수 있는 장소를 찾기가 예전보다 어려워졌어요.

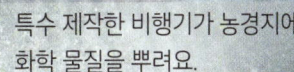

특수 제작한 비행기가 농경지에 화학 물질을 뿌려요.

해로운 화학 물질

농부들은 농작물을 잡초와 병해충으로부터 지키기 위해 살충제, 제초제, 살균제 따위의 농약을 사용해요. 하지만 농약은 해충뿐만 아니라 우리에게 이로운 곤충을 죽이기도 하고, 무엇보다 벌에게 해로워요.

벌레를 도와요

벌레는 사랑하고 돌봐줄 만한 가치가 있어요.
우리 지구가 최상의 상태를 유지하도록 열심히 일하니까요.
그러니 벌레들이 편안하게 지낼 만한 새로운 집을 지어
벌레를 도와주기로 해요.

벌레 호텔을 지어요

바깥에 벌레들을 위한 호텔을 지어줘요. 벌레 호텔은
벌레를 돕는 동시에 정원에 있는 쓰레기를 재활용하는
아주 좋은 방법이에요. 크건 작건 벌레들은 자신이
안전하게 살아갈 수 있는 곳이라면 대환영일 거예요.

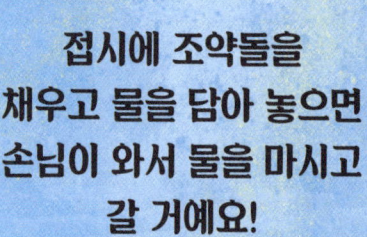

접시에 조약돌을
채우고 물을 담아 놓으면
손님이 와서 물을 마시고
갈 거예요!

무거운 물건을 들거나 단단한
호텔을 지을 때는 어른들에게
도와달라고 부탁하세요.

재료 수집

벌레 호텔에 필요한 **재료를 모아요**. 벌레들의 집을 지을
때는 어떤 재료든 상관이 없지만 이왕이면 자연에서
가져온 재료가 가장 좋아요. 썩어가는 나뭇가지나
나무껍질, 잔가지, 솔방울, 마른 잎, 대나무 지팡이, 통나무,
건초, 지푸라기 등등 사용할 수 있는 재료는 무궁무진해요!

호텔 짓기

바깥에 나가 호텔을 짓기에 좋은 **평평한 땅을 찾아요**.
땅 위에 벽돌을 놓고 그 위에 오래된 나무판자를 쌓아요.
호텔이 와르르 무너지지 않도록 조심조심 쌓도록 해요!

호텔을 지어놓으면
잠시 살러 오는 벌레도 있고,
추운 겨울 동안 겨울잠을 자러 오는
벌레도 있을 거예요.

빈틈 채우기
상상력을 발휘해 나무판자 사이의 빈틈을 채워요.
화분이나 나뭇가지 같은 커다란 재료로부터 시작해 솔방울이나 속이 빈 식물 줄기 같은 재료로 작은 틈새를 채워 나가요. 아주 작은 틈새는 지푸라기나 풀로 메워도 돼요.

장식하기
마무리 작업으로 호텔에 장식을 더해줘요.
간판을 걸고, 근처에서 데이지처럼 단물이 가득 든 꽃을 찾아 심어줘요. 단물이 가득 든 꽃은 벌과 같은 꽃가루받이 손님에게 더할 나위 없이 좋은 선물이에요. 작업이 끝나면 편히 앉아서 호텔을 찾아준 조그만 친구를 관찰해요.

용어

가슴
곤충의 몸에서 중간에 있는 부위를 말해요.

갑각류
바닷가재나 새우처럼 주로 물가에서 살아가고 아가미로 호흡하는 절지동물이에요.

거미류
거미나 전갈, 진드기처럼 다리가 8개고 몸이 두 부위로 나뉘어 있는 절지동물이에요.

겹눈
자그마한 낱눈이 여럿 모여 있는 눈. 곤충이나 갑각류 등에게서 찾아볼 수 있어요.

고치
여러 곤충의 애벌레가 번데기 시기를 보내기 위해 실로 지은 집이에요.

곤충
몸이 세 부위로 나뉘고 다리가 6개 달린 절지동물을 말해요.

군집
함께 모여 살아가는 같은 종의 동물 집단을 뜻해요.

기생충
다른 동물(숙주)의 몸속에서 살아가는 동물이에요. 숙주에게 해를 끼치기는 하지만 숙주를 죽음에 이르게 하는 경우는 거의 없어요.

꽃가루
식물의 밑씨와 결합해 씨앗을 만드는 조그만 알갱이를 말해요.

꽃가루받이
씨앗을 형성하고 새로운 식물을 길러내기 위해 조그만 꽃가루 알갱이가 암술과 만나는 일을 말해요.

다족류
지네나 노래기처럼 다리가 많이 달린 절지동물이에요.

단물
꽃이 곤충을 유혹하기 위해 만드는 달콤한 액체를 말해요.

더듬이
곤충의 머리 앞쪽 부근에 붙어 있는 한 쌍의 감각 기관이에요.

독
동식물이 분비하는 독성 물질이에요.

먹잇감
다른 동물에게 먹잇감으로 잡아먹히는 동물을 뜻해요.

무척추동물
척추가 없는 동물이에요.

배
곤충의 몸에서 제일 끄트머리에 있는 부분이에요.

번데기
완전탈바꿈의 세 번째 단계, 즉 유충과 성충 사이에 이른 곤충이에요.

복족류
연체동물 중에서 가장 큰 집단이에요. 몸이 말랑말랑하고 촉수가 있으며 이빨이 수백 개나 있어요.

산소
공기 중에 있는 기체로 모든 동물의 생존에 필요해요.

생식
동식물이 후손을 만드는 일을 말해요.

생체발광
동물의 몸에서 빛이 나게 해주는 화학 반응을 말해요.

서식지
숲, 초원, 열대우림처럼 동식물이 깃들어 사는 곳을 말해요.

약충
불완전탈바꿈의 초기 단계에 있는 곤충을 말해요.

연체동물
달팽이나 민달팽이처럼 작고 말랑말랑한 무척추동물이에요. 대체로 껍질이 있어요. 대표적인 연체동물로는 복족류가 있어요.

외골격
절지동물의 외부를 감싸는 단단한 껍질로 절지동물의 형태를 잡아주고 몸을 보호해줘요.

위장
벌레가 색깔이나 무늬, 형태를 이용해 주변 환경과 비슷하게 보이는 방법을 말해요.

유충
완전탈바꿈의 두 번째 단계에 이른 어린 곤충을 말해요.

절지동물
곤충이나 거미류, 다족류처럼 관절로 연결된 다리와 체절로 나뉘어 있는 몸통, 그리고 외골격을 갖춘 무척추동물이에요.

종
특징이 동일한 동식물 집단을 뜻해요.

척추동물
척추가 있는 동물을 뜻해요.

청소동물
죽은 동식물이나 쓰레기를 먹는 동물을 뜻해요.

탈바꿈
동물이 커다란 형태 변화를 거쳐 성체가 되는 과정을 말해요.

포식자
다른 동물을 먹잇감으로 사냥하는 동물을 뜻해요.

해충
농작물 등을 병들게 하거나 황폐화하는 해로운 동물이에요.

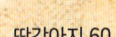

찾아보기

가슴 12, 15
가시벌레 44
감각 46-47
갑각류 11, 19, 28-29
개미 10, 20, 37, 47, 50-51, 59, 70, 71
개미귀신 61
개미집 51
갯민숭달팽이 11, 27
거머리 11, 30
거미 10, 17, 19, 22-23, 47, 61, 64
거미류 10, 19, 22-23
거미줄 22, 47
겉날개 15
게 11, 29, 65
겹눈 10, 16
고치 51, 68
곤충 5, 10, 12-15, 19, 20-21
군집 8, 20, 33, 40-41, 47, 58-59
굴(cave) 8, 60-61
굴(oyster) 11, 68
귀뚜라미 14, 21
기생충 11, 23, 31
기후 변화 75
깡충거미 17, 65
껍질 11, 18, 26-27, 57, 63
꽃 34-35, 40, 47
꽃가루받이 8, 34-35, 40-41, 47, 72
꿀 41, 69
꿀벌 10, 32, 40, 41

나나니벌 61
나방 10, 21, 34, 36-37, 46, 47, 48
나비 13, 14, 21, 34, 37, 44, 45, 52-53
난초꿀벌 34
날개 14-15, 37
노래기 11, 24, 25, 56
노린재 71
노린재류 5, 21
농약 75
누에 68
눈 12, 16-17
눈알 무늬 45

다리 10, 11, 12, 13, 24-25, 48
다족류 11, 19, 24, 25, 56
단물 34, 40, 41
달팽이 11, 17, 18, 27, 46, 57
대벌레 10, 20, 70
대화 9, 40, 41, 43, 60
더듬이 10, 11, 12, 47
독 22, 23, 25, 26, 45, 49, 69
동굴 56-57
동굴성 동물 56
동물의 똥 38, 39
딱정벌레 13, 15, 21, 35, 37

땅강아지 60
말벌 20, 37, 59
매미 71
먹이사슬 72
메뚜기 13, 21, 46, 48, 70-71
멸종 7, 74
모기 13, 46
몸통 12-13
무당벌레 73
무척추동물 5, 6-7, 10-11, 19
무화과말벌 35
문짝거미 61
물벌레 55
미각 46
민달팽이 11, 27

바다 9, 62-63
바다달팽이 11, 26
바다민달팽이 11, 27
바다소금쟁이 62-63
바닷가재 11, 29
바퀴벌레 20, 47, 48; 70
반딧불이 42-43
방어술 44-45, 48-49, 50
버섯파리 57
번데기 32, 36, 59, 60
벌 10, 13, 15, 20, 32, 34, 37, 59, 69
벌레 11, 19, 30-31, 64, 65, 70
벌레 사육 68-69, 71
벌레 요리 70-71
벌레·호텔 76-77
벌집 41
벼룩 65
복족류 11, 26-27
북아메리카꿀벌 46
비단 22, 68

사마귀 10, 13, 16, 17, 21
사막 8, 64
산(acid) 50
삿갓조개 27
생체발광 42-43
서식지 44, 52-53, 75
선형동물 31
소금쟁이 47, 55
소똥구리 38-39
수중 세계 54
시각 47
식초전갈 10, 23
실잠자리 10, 16, 20
쓰레기 8, 38-39, 62-63, 73

아가미 26, 54
알 20, 22, 32, 36, 37, 59
애벌레 44, 45, 49, 64, 66-67
약충 54, 55
여왕 41, 51, 59
연체동물 11, 19
열수분출공 65

왕지네 25
외골격 12, 21, 49
위장 20, 44-45
유럽불개미 50-51
유충 32, 36, 51, 59, 61
인공조명 74
일벌 41, 51, 58
입 13
잎벌레 10, 20, 44

잠자리 15, 16, 20, 55
장구애비 55
장님거미 23
전갈 10, 23
전복 27
절지동물 5, 10, 19
정원 75
제품 68-69
주둥이 13, 34
쥐며느리 11, 28-29, 49
지네 11, 25
지렁이 11, 30, 46, 48
진드기 10, 23
진딧물 71, 73
진주 68
집게발 23
집게벌레 21
짝짓기 상대 14, 22, 33, 34, 37, 42, 43, 46, 60

채찍거미 10, 23, 56
척추동물 7
청각 46
체절동물 11, 30-31
초파리 46
촉각 47
촉수 11, 17, 18, 27, 46

탈바꿈 36, 37
탈피 48
토양 73
툰드라 64

파리 13, 14, 17, 21, 37, 46
편형동물 11, 31
포식자 8, 33, 44, 45, 46, 73
플라스틱 쓰레기 62-63

한살이 36-37, 59
해충의 숫자 조절 73
호박벌 34, 40, 41, 65
홍합 65
홑눈 17
흙 73
화학 물질 48, 75
후각 47
흰개미 58-59, 70

8자 춤 41

감사의 글

이 책에 도움을 주신 분들께 감사 인사 전합니다. 헬레네 힐튼 씨는 교정 작업을, 세실 랜도 씨는 편집 작업을, 폴리 애플턴 씨와 엘리너 베이츠 씨는 디자인 작업을 도와주셨습니다. 그리고 드라가나 푸바치치 씨는 사전 준비 작업을, 헬렌 피터스 씨는 색인 작업을, 개리 옴비어 씨는 추가 사진 작업을, 톰 모스 씨는 컴퓨터 조판 작업을 도와주셨습니다. 아울러 BugzUK의 마틴 프렌치 씨께도 깊이 감사드립니다.

이미지 저작권

이 책에 사진을 싣도록 흔쾌히 허락해주신 모든 분들께 감사 인사 전합니다.

(참고: a=above; b=below/bottom; c=centre; f=far; l=left; r=right; t=top)

1 **Dreamstime.com:** Apisit Wilaijit (fbl). **2-3 Dreamstime.com:** Designprintck (Background). **4-5 123RF.com:** Mohd Hairul Fiza Musa. **5 Dreamstime.com:** Designprintck. **6 123RF.com:** sunshinesmile (cra/Butterfly, ca, tc, cl/Butterfly 1, cla, fclb, clb, cb, cr). **Dreamstime.com:** Alle (cra, cl). **7 123RF.com:** Panu Ruangjan / panuruangjan (ca). **8 Dorling Kindersley:** Peter Warren (fclb). **Dreamstime.com:** Tirrasa (clb/Ladybug); Svetlana Larina / Blair_witch (cb). **9 Dorling Kindersley:** Jerry Young (bl). **Dreamstime.com:** Fibobjects (clb/Daisy); Sarah2 (clb, tc). **PunchStock:** Corbis (clb/Butterfly). **10-11 Dorling Kindersley:** RHS Wisley (Pink Flowers). **10 Dorling Kindersley:** Gyuri Csoka Cyorgy (c); Jerry Young (cb). **Dreamstime.com:** Designprintck (l/Background); Sarah2 (tc). **Fotolia:** Photomic (cb/Moth). **11 Dorling Kindersley:** Linda Pitkin (c). **iStockphoto.com:** Mrfiza (br). **12 Dreamstime.com:** Cosmin Manci / Cosmin. **14 123RF.com:** Alexandr Pakhnyushchyy / aleksx (cra); sunshinesmile (tl). **15 123RF.com:** Kriachko (b). **Dreamstime.com:** Alle (cl). **16 Dreamstime.com:** Razvan Cornel Constantin (b). **17 Dorling Kindersley:** Jerry Young (bl). **Dreamstime.com:** Cherdchai Chaivimol (tr); Kunchit Jantana (br). **18-19 123RF.com:** Vaclav Volrab. **19 Dorling Kindersley:** Jerry Young (bc). **Dreamstime.com:** Designprintck (Background). **20-21 Dreamstime.com:** Designprintck (Background). **20 Dorling Kindersley:** Jerry Young (bl). **21 123RF.com:** huandi (cl); Narupon Nimpaiboon (fclb); Eric Isselee (cb). **Alamy Stock Photo:** imageBROKER (clb, bc); Konstantin Nechaev (cra); VisualNarrative (cb/Green grocer). **Dreamstime.com:** Monypat7 (br). **22 123RF.com:** Marina Gloria Gallud Carbonell (c). **23 Dreamstime.com:** Designprintck (r/Background); Isselee (tc). **24 Dorling Kindersley:** Stephen Oliver (t). **25 123RF.com:** Bonzami Emmanuelle (crb/Scolopendra); Song Qiuju (cra). **Dreamstime.com:** Designprintck (r/Background). **26 123RF.com:** Ten Theeralerttham / rawangtak (br). **Alamy Stock Photo:** Blickwinkel (c). **Ardea:** Paulo Di Oliviera (cb). **Dorling Kindersley:** Linda Pitkin (b). **26-27 123RF.com:** Ten Theeralerttham / rawangtak (t). **27 Dorling Kindersley:** Holts Gems (c/Coral); Linda Pitkin (cb); Natural History Museum, London (clb). **Dreamstime.com:** Andamanse (bc); Designprintck (r/Background); Brad Calkins / Bradcalkins (cr). **Getty Images:** Antonio Camacho (c). **28-29 Dreamstime.com:** Sergei Razvodovskij / Snr (Leaves). **28 Dorling Kindersley:** Jerry Young (crb). **29 Dorling Kindersley:** Peter Warren (bl); Jerry Young (fclb, cb, cb/Woodlouse). **Dreamstime.com:** Designprintck (r). **30 Dorling Kindersley:** Thomas Marent (tc); Stephen Oliver (cl, clb). **31 Alamy Stock Photo:** Ephotocorp (cb). **Dreamstime.com:** Designprintck (r/Background). **32-33 Getty Images:** Paul Starosta. **33 Dreamstime.com:** Designprintck (Background). **34 Getty Images:** Buddy Mays (clb). **35 Dorling Kindersley:** Barrie Watts (ca); Tyler Christensen (ca/Fig wasp). **36 Alamy Stock Photo:** Papilio (clb). **SuperStock:** Animals Animals (cra, br). **37 Alamy Stock Photo:** Pixels of Nature (l). **Dreamstime.com:** Melinda Fawver (cra). **38 Dreamstime.com:** Cynoclub (cra). **naturepl.com:** Barry Mansell (c); MYN / Clay Bolt (crb). **39 123RF.com:** Pan Xunbin (cra). **Alamy Stock Photo:** Rolf Nussbaumer Photography (clb). **Dreamstime.com:** Neal Cooper (cb); Duncan Noakes (br). **40 123RF.com:** Elen1 (c); Oksana Tkachuk (bc); Peterwaters (ca). **40-41 Dreamstime.com:** Fibobjects (b). **41 123RF.com:** Oksana Tkachuk / ksena32 (cb, crb); Peterwaters (cra). **42 Dorling Kindersley:** NASA (t). **Getty Images:** James Jordan Photography (bc). **44 123RF.com:** ankorlight (tr); Tyler Fox (crb). **45 123RF.com:** Caritaliberato (ca). **Dorling Kindersley:** Natural History Museum (ca). **naturepl.com:** Mark Bowler (cb). **46 Dreamstime.com:** Bruce Macqueen / Lightwriter1949 (br); Roblan (clb/All-flies). **47 123RF.com:** Andrey Pavlov (ca); Aukid Phumsirichat (cl). **Alamy Stock Photo:** Blickwinkel (tl). **Dreamstime.com:** Katrina Brown / Tobkatrina (cra). **48 Alamy Stock Photo:** Avalon / Photoshot License (c). **Dreamstime.com:** Mr. Smith Chetanachan (bl); Michieldewit (cr); Monypat7 (crb). **49 Dreamstime.com:** Steve Byland (c). **Science Photo Library:** Claude Nuridsany & Marie Perennou (crb). **50 123RF.com:** Christian Mueringer (bl, clb); Sebastian Vervenne (tc). **Dreamstime.com:** Tirrasa (clb/Ladybug). **50-51 Dreamstime.com:** Vladimirdavydov (Ants). **51 Dorling Kindersley:** Christian Mueringer (cla, cr, crb, br). **Dreamstime.com:** Poravute Siriphiroon (bc); Tirrasa (cr/Ladybug). **52-53 Alamy Stock Photo:** Brian Overcast. **53 Dreamstime.com:** Designprintck (Background); Jens Stolt / Jpsdk (crb). **54-55 123RF.com:** Pan Xunbin (ca). **54 Dorling Kindersley:** Peter Anderson (br); Natural History Museum, London (cla). **55 Dorling Kindersley:** Natural History Museum, London (cla). **Dreamstime.com:** Cynoclub (cra); Pnwnature (c). **56-57 123RF.com:** Marina Gloria Gallud Carbonell (b/Background). **57 Dorling Kindersley:** Natural History Museum, London (cb, cr, crb). **Dreamstime.com:** Mark Eaton (b). **58 naturepl.com:** John Abbott (c, crb, tr, cra). **58-59 Dorling Kindersley:** Lynette Schimming (All). **59 123RF.com:** Werayut Nueathong (cl). **Dreamstime.com:** Apisit Wilaijit (br). **naturepl.com:** John Abbott (tl, bl, cla, cb, cra, tc). **60-61 Dreamstime.com:** Sergey Tolmachyov (b). **63 Dorling Kindersley:** Natural History Museum, London (c). **64 123RF.com:** Charles Brutlag (clb). **Alamy Stock Photo:** Westend61 GmbH (cr). **naturepl.com:** Ann and Steve Toon (ca). **naturepl.com:** Emanuele Biggi (cb/Camel spider); Nature Production (cb). **65 Alamy Stock Photo:** Nigel Cattlin (cb). **naturepl.com:** Gavin Maxwell (clb); David Shale (cb/Deepsea Yeti crab). **66-67 Getty Images:** Westend61. **67 Dreamstime.com:** Designprintck (Background). **68 123RF.com:** nito500 (clb/Flowers). **Alamy Stock Photo:** PhotoSpin,Inc (clb). **Dorling Kindersley:** Natural History Museum, London (fcr). **Dreamstime.com:** Fotofred (bl); Luanateutzi (cr). **69 123RF.com:** nito500 (crb); Peterwaters (br). **Dorling Kindersley:** Stephen Oliver (ca). **70 Dreamstime.com:** Monypat7 (tc). **72 Alamy Stock Photo:** Design Pics Inc (cb). **Dorling Kindersley:** Stephen Oliver (bl). **Dreamstime.com:** Brad Calkins / Bradcalkins (cr); Svetlana Larina / Blair_witch (ora). **73 Dreamstime.com:** Tirrasa (tr). **Fotolia:** Giuliano2022 (br); Eric Isselee (cb). **74 Dorling Kindersley:** Natural History Museum, London (cra, ca, ca/Scarlet Tiger, clb, crb, fcr, cr, ca/Green Silver-lines Moth, ca/Green Silver-lines Moth 1, cl). **Fotolia:** Photomic (cra/Giant Atlas Moth, cl/Giant Atlas Moth). **77 123RF.com:** nito500 (cb). **78-79 Dreamstime.com:** Designprintck (Background). **80 Dreamstime.com:** Designprintck (Background)

Cover images: Front: **Alamy Stock Photo:** Panther Media GmbH clb; **Dorling Kindersley:** Ian Cuppleditch bl/ (Fagus), br/ (Fagus), Gyuri Csoka Cyorgy br, James Laswel tc, Natural History Museum, London bl, Jerry Young cb; **Dreamstime.com:** Carlosphotos cra, Sarah2 fbr, Tirrasa bl/ (Ladybug), tl, cla/ (Ladybug), Svetlana Larina / Blair_witch cla; **PunchStock:** Corbis crb; Back: **Dorling Kindersley:** Ian Cuppleditch tl, Gyuri Csoka Cyorgy ca/ (Beetle), Natural History Museum, London cla, Jerry Young cra, bc; **Dreamstime.com:** Carlosphotos clb, Tirrasa cra/ (Ladybug), Svetlana Larina / Blair_witch cra/ (Butterfly); **PunchStock:** Corbis ca.

Endpaper images: Front: **Dreamstime.com:** Tirrasa (All); Back: **Dreamstime.com:** Tirrasa (All).

All other images © Dorling Kindersley
For further information see: www.dkimages.com

그림 작가 소개

클레어 매켈패트릭은 프리랜서 작가다. 아동 도서 작업을 하기 전에는 그림 연하장을 그렸다. 『나무가 궁금해!』, 『벌레가 궁금해!』를 위해 콜라주 방식으로 손수 그린 그림은 영국 시골에 있는 자신의 집에서 영감을 받아 그렸다.